Mechthild Scheffer

Die Original Bach-Blütentherapie

pickup

Mechthild Scheffer

Die Original Bach-Blütentherapie

Der schnelle Einstieg

Die Inhalte des Buches wurden von der Verfasserin nach bestem Wissen erstellt und mit größtmöglicher Sorgfalt geprüft. Sie bieten jedoch keinen Ersatz für eine kompetente medizinische Beratung. Weder Autorin noch Verlag können für eventuelle Nachteile oder Schäden, die aus in dem Buch gegebenen Hinweisen resultieren, eine Haftung übernehmen.

Bibliografische Information Der Deutschen Bibliothek
Die Deutsche Bibliothek verzeichnet diese Publikation in der Deutschen Nationalbibliografie; detaillierte bibliografische Daten sind im Internet unter http://dnb.ddb.de abrufbar.

Umschlaggestaltung: Zero,
unter Verwendung eines Motivs von Mauritius 03733935
Cartoons: Detlef Kersten
Blüten-Illustrationen: Andreas Roth
Satz: EDV-Fotosatz Huber/Verlagsservice G. Pfeifer, Germering
Druck und Bindung: Alcione, Lavis
Printed in Italy

ISBN 978-3-7205-2606-7

Der Weg zur seelischen Harmonie

In einer Zeit wie der unseren, die jeden Einzelnen fast täglich mit neuen Stresssituationen konfrontiert, ist seelische Gesundheitsvorsorge mindestens ebenso wichtig wie körperliche.

Negativgefühle, die aufgrund seelischer Blockaden entstehen, sind nur zu häufig der indirekte Ausgangspunkt für Krankheit und körperliche Leiden. Noch mehr aber verformen diese disharmonischen Gefühle die Persönlichkeitsentwicklung und stehen dem Wunsch nach Glück und Selbstverwirklichung entgegen.

Wo seelische Blockaden vorhanden sind, kann sich keine innere Harmonie entfalten. Die aber braucht der Mensch, wenn er mit sich und seiner Welt zufrieden sein will.

Mit der nach ihm benannten Blütentherapie ist es dem englischen Arzt Dr. Edward Bach (1886–1936) gelungen, dem Menschen von heute auf einfache Weise zu helfen, mit der Überwindung seiner seelischen Probleme besser fertig zu werden.

Durch seine Forschungsarbeiten auf dem Gebiet der Immunologie und Homöopathie sowie durch die Beschäftigung mit alten Heilverfahren entdeckte Bach, dass es bestimmte Pflanzen gibt, deren energetische Kräfte negative Gefühle, wie zum Beispiel Resignation, in ihr positives Gegenteil, in diesem Fall Hoffnung, umwandeln können.

Es gelang ihm, die 38 grundsätzlichen Negativgefühle unserer menschlichen Natur zu erkennen und in ein System zu bringen.

Zu diesen Gefühlen gehören Angst, Missgunst, Kleinmut und Resignation, Machtgier und Eifersucht. Für jedes Gefühl fand Bach die entsprechende transformierende Pflanze.

Dafür durchstreifte er jahrelang weite Gebiete Mittel- und Südenglands. Dank seiner Erfahrung und Intuition fand Bach diese Pflanzenspezies unter vielen tausend anderen heraus.

Und Bach entwickelte auch ein genial einfaches Verfahren, um die energetischen Kräfte der Pflanzen für den Menschen nutzbar zu machen: Er legte die Blüte der betreffenden Pflanze am natürlichen Standort in reines Quellwasser, das er der direkten Sonnenstrahlung aussetzte. Das so mit der Blütenkraft »imprägnierte« Wasser wird damit zur »Urtinktur« jedes Blütenkonzentrates.

Verdünnt, in Tropfenform eingenommen, helfen diese Konzentrate, bestehende seelische Blockaden aufzulösen und negative Gefühle in ihr positives Gegenteil umzuwandeln.

»Heile dich selbst« lautet das Grundprinzip der Bach-Blütentherapie. Sie kann jeden Menschen dabei unterstützen, seine Persönlichkeit zu entwickeln und seelische Harmonie zu finden auf natürliche und unschädliche Weise.

Ohne den Anspruch zu erheben, als Heilmittel oder gar Allheilmittel gelten zu wollen, kann die Original Bach-Blütentherapie in ihrer Natürlichkeit und gleichzeitig hohen Wirkungskraft gerade für den stressgeplagten Menschen von heute von höchstem Nutzen sein.

Dr. Edward Bach
(1886–1936)

Ziel der Bach-Blütentherapie ist die seelische Reinigung, Selbsterkenntnis, harmonische Entfaltung und damit eine größere Stabilität der Persönlichkeit. Es wäre falsch, die Wirkung der 38 Bach-Blüten in direkten Zusammenhang mit körperlichen Krankheitssymptomen zu bringen. Die Bach-Blütentherapie liegt vielmehr auf der Ebene der seelischen Gesundheitsvorsorge.

Die Bach-Blütenkonzentrate können deshalb auch zur Vorbeugung gegen körperliche Krankheiten und zur Unterstützung einer fachgerechten Behandlung dienen, diese aber nicht ersetzen.

Die Bach-Blütenkonzentrate werden in ihrer Wirkung nicht durch die gleichzeitige Einnahme von Arzneimitteln beeinträchtigt, noch beeinflussen sie deren Wirkung. Gegenanzeigen und Nebenwirkungen sind nicht beobachtet worden.

Die »Mothertinctures« (Urtinkturen für die weitere Verdünnung und Abfüllung) der Original Bach-Blütenkonzentrate werden noch heute wie zu Lebzeiten Bachs von den Kustoden seines Werkes zubereitet. Die Standorte der wild wachsenden Pflanzen wurden vielfach noch von Bach selber bestimmt. Die Original Bach-Blütenkonzentrate erkennen Sie am Original-Schriftzug auf den Etiketten.

Das Original Bach-Blüten-system*

* Die ausführlichste Beschreibung der 38 Bach-Blüten finden Sie im Standardwerk: Mechthild Scheffer, Die Original Bach-Blütentherapie. Das gesamte theoretische und praktische Bach-Blütenwissen, Irisiana, Hugendubel Verlag, München (auch in verschiedenen anderen Sprachen erhältlich).

1. Agrimony

Kleiner Odermennig

Die Ehrlichkeitsblüte

Seelische Negativhaltung:

Man versucht, quälende Gedanken und innere Unruhe hinter einer Fassade von Fröhlichkeit und Sorglosigkeit zu verbergen.

Da man gern in Frieden und Harmonie lebt, gerät man durch Missstimmung und Streit in seelische Bedrängnis. Um sorgenvolle und quälende Gedanken zu unterdrücken, greift man zu Alkohol oder Tabletten, nützt jede Möglichkeit zur Ablenkung.

Positive Entwicklungsmöglichkeiten:

Mehr Konfrontationsfähigkeit. Man lernt, die Misshelligkeiten des Lebens zu integrieren, oder gibt ihnen den richtigen Stellenwert.

2. Aspen

Zitterpappel

Die Ahnungsblüte

Seelische Negativhaltung:

Man wird von unerklärlichen, vagen Ängsten geplagt, von Vorahnungen oder der geheimen Furcht vor irgendeinem drohenden Unheil.

Man hört das Gras wachsen und hat unbegründete Angstzustände beim Alleinsein oder auch unter Menschen.

Positive Entwicklungsmöglichkeiten:

Die Fähigkeit, die eigene Sensitivität realistischer einzustufen und besser damit umzugehen.

3. Beech

Rotbuche

Die Toleranzblüte

Seelische Negativhaltung:

Man reagiert überkritisch und intolerant, kann wenig Mitgefühl und Einfühlungsvermögen aufbringen.

Man verhält sich deshalb kleinlich, pedantisch, unnachgiebig. Das Maß der Kritikbereitschaft steht meist in keinem Verhältnis zum Anlass. Man isoliert sich durch seine überkritische Haltung von seinen Mitmenschen.

Positive Entwicklungsmöglichkeiten:

Tolerante Grundhaltung, geistiger Scharfblick, Verständnis für die unterschiedlichen menschlichen Verhaltensweisen.

4. Centaury

Echtes Tausendgüldenkraut

Die Blüte des Dienens

Seelische Negativhaltung:

Die Schwäche des eigenen Willens führt dazu, dass man nie Nein sagen kann und dadurch immer wieder ausgenutzt wird.

In dem Bestreben, den Wünschen anderer bis zur Selbstaufgabe nachzugeben, läuft man Gefahr, den eigenen Lebensauftrag zu versäumen.

Positive Entwicklungsmöglichkeiten:

Man lernt, auch einmal Nein zu sagen und seine eigenen Bedürfnisse besser zum Ausdruck zu bringen.

5. Cerato

Chinesisches Hornkraut

Die Intuitionsblüte

Seelische Negativhaltung:

Man hat zu wenig Vertrauen in die eigene Meinung und zu sich selbst.

Ständig fragt man andere um Rat, weil man der eigenen Urteilsfähigkeit misstraut. Nicht selten lässt man sich dadurch gegen die eigene Überzeugung und zum eigenen Nachteil fehlleiten.

Positive Entwicklungsmöglichkeiten:

Die eigene Intuition erkennen und darauf vertrauen. Sich von seiner inneren Stimme leiten lassen und zu seinen Entscheidungen stehen.

6. Cherry Plum

Kirschpflaume

Die Gelassenheitsblüte

Seelische Negativhaltung:

Es fällt schwer, innerlich loszulassen, man hat Angst vor seelischen Kurzschlusshandlungen.

Innere Verspannung und Verkrampfung, aber auch unkontrollierte Wutausbrüche. Oft glaubt man, unmittelbar vor einem Nervenzusammenbruch zu stehen.

Positive Entwicklungsmöglichkeiten:

Mut, Kraft, Spontaneität, innere Entkrampfung – mehr Gelassenheit in angespannten Situationen.

7. Chestnut Bud

Blattknospe der Rosskastanie

Die Lernblüte

Seelische Negativhaltung:

Man gerät immer wieder in die gleichen Schwierigkeiten, weil man seine Erfahrungen nicht wirklich verarbeitet und nicht genug daraus lernt.

Sei es aus Interesselosigkeit, Gleichgültigkeit oder innerer Hast – die gleichen Fehler werden immer wieder gemacht. Oft ist man mit seinen Gedanken schon zwei Schritte voraus.

Positive Entwicklungsmöglichkeiten:

Man lernt, die täglichen Erfahrungen bewusster zu verarbeiten und konstruktiver umzusetzen.

8. Chicory

Wegwarte

Die Beziehungsblüte

Seelische Negativhaltung:

Besitz ergreifende Persönlichkeitshaltung, mit der man sich bewusst oder unbewusst überall einmischt und glaubt, die Dinge nach eigenen Vorstellungen organisieren oder lenken zu müssen.

Man neigt dazu, anderen seine Hilfe förmlich aufzudrängen, erwartet dafür aber auch Dankbarkeit. Bleibt diese versagt, flüchtet man leicht in Selbstmitleid.

Positive Entwicklungsmöglichkeiten:

Spontanere Gefühlszuwendung zu anderen, ohne ihnen dabei die eigenen Forderungen aufzudrängen.

9. Clematis

Weiße Waldrebe

Die Realitätsblüte

Seelische Negativhaltung:

Man ist mit den Gedanken meist abwesend und zeigt wenig Aufmerksamkeit und Anteilnahme für das, was um einen herum vorgeht. Konzentrationsschwäche.

Der Typ des Tagträumers, der sich in der Realität oft nicht zu Hause fühlt. Man wirkt zerstreut, unaufmerksam und geistig weggetreten, vitalitäts- und antriebsarm.

Positive Entwicklungsmöglichkeiten:

Man wird realitäts- und gegenwartsbewusster. Man kann seine kreativen Anlagen praktisch umsetzen.

10. Crab Apple

Holzapfel

Die Reinigungsblüte

Seelische Negativhaltung:

Man fühlt sich innerlich oder äußerlich beschmutzt, unrein oder infiziert.

Man hat ein überstarkes Reinheits- und Ordnungsideal, nicht nur auf der körperlichen, sondern auch auf der seelisch-geistigen Ebene. Deshalb reagiert man empfindlich gegen jede Form vermeintlicher Unordnung in allen Lebensbereichen.

Positive Entwicklungsmöglichkeiten:

Man entwickelt eine positivere Grundeinstellung zur eigenen Körperlichkeit und mehr Sinn für übergeordnete Zusammenhänge.

11. Elm

Englische Ulme

Die Verantwortungsblüte

Seelische Negativhaltung:

Man hat auf einmal das Gefühl, seiner Aufgabe oder Verantwortung nicht mehr gewachsen zu sein.

Von diesem Gefühl, das in der Regel vorübergehender Natur ist, sind vor allem Menschen betroffen, die über einen starken Charakter und einen ausgeprägten Leistungswillen verfügen. Man zweifelt – wider besseres Wissen – an seinen Fähigkeiten.

Positive Entwicklungsmöglichkeiten:

Man lernt Verantwortlichkeiten und eigene Bedürfnisse realistischer wahrzunehmen und sieht die Probleme wieder in ihren richtigen Proportionen.

12. Gentian

Bitterer Enzian

Die Glaubensblüte

Seelische Negativhaltung:

Skeptisch, zweifelnd, leicht entmutigt – ausgeprägt pessimistische Grundhaltung, die so weit gehen kann, dass man diesen Zustand fast zu genießen scheint.

Alles und jedes wird in Frage gestellt. Mangel an Glauben und Vertrauen.

Positive Entwicklungsmöglichkeiten:

Eine positivere Erwartungshaltung und die Fähigkeit, mit Konflikten zu leben.

13. Gorse

Stechginster

Die Hoffnungsblüte

Seelische Negativhaltung:

Man ist ohne Hoffnung, hat resigniert, lebt bewusst oder unbewusst in dem Gefühl, es habe doch keinen Zweck mehr.

Man hat es aufgegeben, noch auf Veränderung zu hoffen, besonders bei schon lange anhaltenden chronischen Zuständen oder Krankheiten.

Positive Entwicklungsmöglichkeiten:

Man schöpft wieder neue Hoffnung. Man gewinnt eine neue Perspektive in einer schwierigen oder scheinbar unabänderlichen Lebenssituation.

14. Heather

Heidekraut

Die Identitätsblüte

Seelische Negativhaltung:

Durch eine starke seelische Bedürftigkeit ist man sehr selbstbezogen und völlig mit sich selbst beschäftigt.

Häufig will man im Mittelpunkt des Interesses stehen, man sucht fast zwanghaft Publikum und lässt auch bei Einzelgesprächen den anderen kaum zu Wort kommen. Unbewusst will man Zuwendung herbeizwingen.

Positive Entwicklungsmöglichkeiten:

Man kann Abstand von seiner eigenen Problematik gewinnen und mehr Verständnis und Einfühlungsvermögen für die Umwelt entwickeln.

15. Holly

Stechpalme

Die Herzöffnungsblüte

Seelische Negativhaltung:

Gefühlsmäßig irritiert. Man wird von Eifersucht, Misstrauen, Hass- und Neidgefühlen geplagt.

Man fühlt sich leicht – und dabei oft grundlos – gekränkt, verletzt oder beleidigt. Man wittert hinter vielem etwas Negatives und fürchtet ständig, hintergangen zu werden. Es besteht die Bereitschaft, andere leicht und oft vorschnell zu verdächtigen und auch Gefühle von Schadenfreude zu entwickeln. Bei Kindern: Jähzorn.

Positive Entwicklungsmöglichkeiten:

Man kann seine Gefühle zurücknehmen und entwickelt Großherzigkeit.

16. Honeysuckle

Echtes Geißblatt

Die Vergangenheitsblüte

Seelische Negativhaltung:

Man weigert sich bewusst oder unbewusst, bestimmte Ereignisse seiner Vergangenheit zu verarbeiten.

Wehmutsgefühle oder Sehnsucht nach Vergangenem. Man hat Mühe mit der Gegenwart. Oft fällt es schwer, sich innerlich von vergangenen Ereignissen oder Beziehungen zu lösen.

Positive Entwicklungsmöglichkeiten:

Man bewahrt sich ein lebendiges Verhältnis zur Vergangenheit, lebt aber ganz in der Gegenwart.

17. Hornbeam

Hainbuche

Die Spannkraftblüte

Seelische Negativhaltung:

Montagmorgen-Gefühl. Man fühlt sich in einem Zustand mentaler Erschöpfung. Morgens zweifelt man ernsthaft daran, ob man überhaupt noch die Kraft aufbringt, die täglichen Pflichten zu bewältigen, aber irgendwie schafft man es dann doch immer.

Positive Entwicklungsmöglichkeiten:

Man findet zu seinem natürlichen Lebensrhythmus (Spannung – Entspannung), gewinnt seelische Spannkraft und geistige Frische.

18. Impatiens

Drüsentragendes Springkraut

Die Zeitblüte

Seelische Negativhaltung:

Man ist ungeduldig, leicht gereizt und vermag überschießende Reaktionen nicht zu unterdrücken.

Die starke innere Motorik bringt einen von selbst dazu, in allem, was man tut, ein hohes Tempo anzuschlagen. Man gehört zu den Menschen, denen nichts schnell genug geht. Nervöses Wippen, Fingertrommeln, Heißhunger-Anfälle.

Positive Entwicklungsmöglichkeiten:

Geduld und Verständnis für andere Menschentypen. Kooperativer Einsatz der eigenen überdurchschnittlichen Fähigkeiten zum Nutzen des Ganzen.

19. Larch

Europäische Lärche

Die Selbstvertrauensblüte

Seelische Negativhaltung:

Man hat Minderwertigkeitsgefühle, es fehlt einem das Selbstvertrauen.

Positive Entwicklungsmöglichkeiten:

Selbstvertrauen, das in einem gesunden Selbstwertgefühl sein sicheres Fundament hat.

20. Mimulus

Gefleckte Gauklerblume

Die Tapferkeitsblüte

Seelische Negativhaltung:

Man ist scheu und schüchtern und hat viele kleine Ängstlichkeiten.

Man lebt in einer Welt voller Ängste und schiebt darum vieles vor sich her. Man hat z. B. Angst davor, allein zu sein, aber man fürchtet auch Gesellschaft und Geselligkeit, in der man sich eingeschüchtert und nervös fühlt. Angst vor Dunkelheit oder Krankheit, Angst vorm Fliegen oder Fahrstuhlfahren, vor dem Zahnarzt, Angst vor Hunden oder Mäusen, Platzangst, Schwellenangst usw.

Positive Entwicklungsmöglichkeiten:

Man lernt, mit der eigenen Sensibilität besser umzugehen, und findet zu persönlicher Tapferkeit, mit der man über seine Ängste hinauswächst.

21. Mustard

Ackersenf

Die Lichtblüte

Seelische Negativhaltung:

Man erlebt und durchleidet plötzlich auftretende Perioden tiefer Traurigkeit und Schwermut. Man findet keine Ursache und keine Begründung für diese bedrückenden melancholischen Gemütsphasen, die ohne erkennbaren Grund kommen und auch wieder gehen.

Positive Entwicklungsmöglichkeiten:

Man geht mit heiterer Gelassenheit und gefestigter innerer Stabilität durch helle und dunkle Tage.

22. Oak

Stieleiche

Die Ausdauerblüte

Seelische Negativhaltung:

Man fühlt sich als erschöpfter Kämpfer, der aber trotz aller Widerstände tapfer weitermacht und nie aufgibt.

Pflichttreue und Zuverlässigkeit werden als selbstverständlich empfunden, und so klagt man nie, auch wenn man völlig ausgelaugt und am Rande seiner Kräfte ist. Andere bewundern das große Durchhaltevermögen.

Positive Entwicklungsmöglichkeiten:

Man lernt, bei aller Pflichttreue und Einsatzbereitschaft die eigene Leistungsgrenze zu erkennen.

23. Olive

Ölbaum

Die Regenerationsblüte

Seelische Negativhaltung:

Man fühlt sich körperlich und seelisch total ausgebrannt und völlig erschöpft. Alles ist zu viel.

Man hat nur noch einen Wunsch: völlig abzuschalten und selbst von den kleinsten Aufgaben und Pflichten verschont zu bleiben. Oft nach Phasen schwerer geistiger, körperlicher oder auch seelischer Überforderung.

Positive Entwicklungsmöglichkeiten:

Sorgfältigeres Umgehen mit der eigenen Lebensenergie. Stärkung, Erholung.

24. Pine

Gemeine Kiefer

Die Selbstakzeptanzblüte

Seelische Negativhaltung:

Man macht sich Selbstvorwürfe und hat Schuldgefühle.

Es ist ein bedrückendes Lebensgefühl, das auf einem lastet: Ständig fühlt man sich bemüßigt, sich selbst Fehler anzulasten oder sich dafür vor anderen rechtfertigen oder entschuldigen zu müssen.

Positive Entwicklungsmöglichkeiten:

Man entwickelt ein realistisches Gefühl für Eigen- und Fremdverantwortlichkeiten. Man lernt Fehler einzugestehen, ohne sich dafür zu verdammen oder selbst zu entwerten.

25. Red Chestnut

Rote Kastanie

Die Abnabelungsblüte

Seelische Negativhaltung:

Man macht sich mehr Sorgen um das Wohlergehen anderer Menschen als um das eigene. Zu starke innere Verbundenheit (bewusst oder unbewusst) mit einer nahe stehenden Person auf seelischer oder physischer Ebene.

Diese symbiotische Verbundenheit kann für beide Teile zur Last werden.

Positive Entwicklungsmöglichkeiten:

Wahrung und Abgrenzung der eigenen Persönlichkeit.

26. Rock Rose

Sonnenröschen

Die Eskalationsblüte

Seelische Negativhaltung:

Man gerät leicht in innere Panik und wird von schwersten Angstgefühlen überrannt.

Ängste, die »in jeder Zelle pochen«, mit Herzklopfen, feuchten Händen, Kopflosigkeit o. Ä. Bei geringsten Anlässen oder in lebensbedrohenden Situationen, wie z. B. Autounfall, Gewitter, Hochwasser usw.

Positive Entwicklungsmöglichkeiten:

Mehr Gelassenheit in Krisensituationen. Besseres Umgehen mit der eigenen nervlichen Veranlagung.

27. Rock Water

Quellwasser

Die Flexibilitätsblüte

Seelische Negativhaltung:

Man ist sehr streng gegen sich selbst, hat fixierte Ansichten und unterdrückt dabei seine vitalen Bedürfnisse, z. B. Hunger, Schlaf, Ruhe, Bewegungsdrang.

Man tut alles, um den selbst gesetzten hohen und dabei oft perfektionistischen Maßstäben in eiserner Selbstdisziplin zu genügen. Dabei geht die Lebensfreude verloren.

Positive Entwicklungsmöglichkeiten:

Man löst sich von seinen starken inneren Fixierungen und gesteht sich die eigenen vitalen (natürlichen) Bedürfnisse zu.

28. Scleranthus

Einjähriger Knäuel

Die Balanceblüte

Seelische Negativhaltung:

Die innere Balance fehlt. Man ist innerlich unausgeglichen, unschlüssig und sprunghaft – Stimmung und Meinung wechseln von einem Moment zum anderen.

Man ist zwischen zwei Möglichkeiten hin- und hergerissen und vermag sich nicht zu entscheiden. Seelische und körperliche Gleichgewichtsstörungen.

Positive Entwicklungsmöglichkeiten:

Innere Ausgeglichenheit und sichere Entscheidungskraft.

29. Star of Bethlehem

Doldiger Milchstern

Die Trostblüte

Seelische Negativhaltung:

Man hat eine seelische oder körperliche Erschütterung noch nicht verkraftet und innerlich verarbeitet.

Man leidet unter den Nachwirkungen eines Schockerlebnisses, selbst wenn dieses schon lange zurückliegen mag. So lebt man zwar ohne Angst, aber dennoch eingeschlossen und bedrückt von seinem stillen Kummer.

Positive Entwicklungsmöglichkeiten:

Leichtere Erlebnisverarbeitung. Seelische Kraft.

30. Sweet Chestnut

Esskastanie

Die Erlösungsblüte

Seelische Negativhaltung:

Der Zustand innerer Ausweglosigkeit. Man glaubt, dass die Grenze dessen, was man ertragen kann, nun erreicht ist.

Man fühlt sich innerlich völlig verloren, total isoliert – oft in schweren Lebenskrisen, in denen es auf des Messers Schneide steht und man nicht mehr weiß, was man noch tun soll.

Positive Entwicklungsmöglichkeiten:

Nach der Erfahrung der Verlorenheit findet man wieder zu sich und entwickelt eine innere Bereitschaft zur seelischen Wandlung.

31. Vervain

Eisenkraut

Die Begeisterungsblüte

Seelische Negativhaltung:

Im Übereifer, sich für eine gute Sache einzusetzen, treibt man Raubbau mit seinen Kräften.

Am liebsten möchte man alles hundertfünfzigprozentig machen, und so geht man mit größter Intensität und Konzentration an eine Sache heran und überschwemmt andere geradezu mit seiner Energie. Man übertreibt leicht, steht deshalb unter starker Spannung und wirkt auf andere bisweilen fanatisch.

Positive Entwicklungsmöglichkeiten:

Man lernt, seine positive Energie gezielter und ökonomischer für eine lohnende Aufgabe einzusetzen.

32. Vine

Weinrebe

Die Autoritätsblüte

Seelische Negativhaltung:

Man will unbedingt seinen Willen durchsetzen, hat Probleme mit Macht und Autorität.

Als starke Persönlichkeit ist man ehrgeizig und selbstsicher. Man verlangt innerlich, dass sich andere den eigenen Zielen unterordnen.

Positive Entwicklungsmöglichkeiten:

Innere Großmut auf der Basis natürlicher Autorität. Unterscheidung zwischen gesundem und ungesundem Ehrgeiz.

33. Walnut

Walnuss

Die Verwirklichungsblüte

Seelische Negativhaltung:

In einer Phase des inneren Neubeginns oder bei einer einschneidenden Veränderung der Lebensumstände (beispielsweise Berufswechsel, Umzug, Scheidung, Pensionierung) lässt man sich verunsichern und wird wankelmütig.

Normalerweise weiß man genau, was man will, aber das anstehende und noch weitgehend unbekannte Neue hat die eigene Sensibilität und Labilität deutlich erhöht. Auch in körperlichen Neubeginnphasen: Menopause, Zahndurchbruch usw.

Positive Entwicklungsmöglichkeiten:

Man lernt, seiner inneren Stimme zu folgen und sich selbst treu zu bleiben.

34. Water Violet

Wasserfeder

Die Kommunikationsblüte

Seelische Negativhaltung:

Man zieht sich innerlich zurück; isoliertes Überlegenheitsgefühl.

Man steht gewissermaßen »außen vor« und wird – ungerechtfertigterweise – leicht als eingebildet angesehen. Persönliche Probleme macht man am liebsten mit sich selbst ab und zieht sich gern zurück.

Positive Entwicklungsmöglichkeiten:

Man entwickelt ein offeneres und aufgeschlosseneres Verhältnis zu seinen Mitmenschen.

35. White Chestnut

Rosskastanie

Die Gedankenblüte

Seelische Negativhaltung:

Bestimmte Gedanken kreisen unaufhörlich im Kopf, man kann sie einfach nicht abstellen. Dazu führt man innere Selbstgespräche und Dialoge.

Es kann ein bestimmtes Ereignis sein, das einen nicht wieder loslässt, eine Auseinandersetzung beispielsweise, bei der man immer wieder nachdenkt, »was man hätte sagen sollen«.

Positive Entwicklungsmöglichkeiten:

Geistige Ruhe und gedankliche Klarheit.

36. Wild Oat

Waldtrespe

Die Berufungsblüte

Seelische Negativhaltung:

Man ist innerlich unzufrieden, weil man keine klaren Zielvorstellungen hat und es einem bisher noch nicht gelungen ist, seine eigentliche Lebensaufgabe zu erkennen.

Soviel man auch ausprobiert, nirgends findet man wirkliche dauerhafte Befriedigung. So ist man trotz seiner mannigfaltigen Talente und Erfolge innerlich zersplittert, frustriert oder gelangweilt.

Positive Entwicklungsmöglichkeiten:

Klare Zielvorstellungen gewinnen und hierfür das volle Potenzial seiner Möglichkeiten einsetzen.

37. Wild Rose

Hundsrose

Die Blüte der Lebenslust

Seelische Negativhaltung:

Man befindet sich in einem bestimmten Lebensbereich bewusst oder unbewusst in einem Zustand von Apathie, innerer Teilnahmslosigkeit und völliger Resignation. Man hat sich schon mit etwas abgefunden, innerlich kapituliert.

Obwohl die äußeren Lebensumstände gar nicht so negativ oder hoffnungslos sind, fehlt jede innere Motivation.

Positive Entwicklungsmöglichkeiten:

Neue positive Lebensmotivation, aus der heraus ein neues vitales Interesse am Leben erwächst.

38. Willow

Dotterweide

Die Schicksalsblüte

Seelische Negativhaltung:

Man fühlt sich den Umständen machtlos ausgeliefert, ist verbittert und sieht sich als Opfer des Schicksals.

Man grollt anderen und missgönnt ihnen ihr vermeintlich besseres Schicksal.

Positive Entwicklungsmöglichkeiten:

Eine konstruktive Grundhaltung, mit der man die volle Selbstverantwortung für sein Leben übernimmt und versucht, vom »Opfer« zum »Meister« seines Schicksals zu werden.

39. Rescue™

»Notfall-Tropfen«

Die Erste-Hilfe-Blüten

Rescue ist eine Kombination von fünf Bach-Blütenkonzentraten, die im Zusammenwirken ihrer energetischen Kräfte eine wichtige erste Hilfe in kleineren oder größeren Notfall-Situationen sind:

Star of Bethlehem	gegen Schock und Betäubung
Rock Rose	gegen Panikgefühle
Impatiens	gegen Stress und Spannung
Cherry Plum	gegen die Angst, die Kontrolle zu verlieren
Clematis	gegen die Tendenz »abzutreten«; das Gefühl, »weit weg zu sein«

Rescue hilft, einen erlittenen »energetischen Schock« auf feinstofflicher Ebene sofort aufzulösen – sei es eine unvorhergesehene Schrecksituation, eine schlechte Nachricht oder eine heftige Auseinandersetzung. Dadurch können die Selbstheilungskräfte des Körpers wieder voll wirksam werden. Und genauso zeigt Rescue seine Wirkung, wenn einem etwas bevorsteht und sich eine innere Spannung aufbaut, z. B. der Zahnarztbesuch, der Scheidungstermin, das Bewerbungsgespräch, das Examen oder die Operation.

Die Dosierung von Rescue richtet sich individuell nach Fall und Situation.

Rescue™ Creme

Rescue gibt es (mit Crab Apple kombiniert) zur lokalen äußeren Anwendung auch als lanolinfreie Salbe. Viele Behandlerberichte belegen, dass bei körperlichen Verletzungen wie Schürfwunden, Verbrennungen, Schnittverletzungen, Verstauchungen, Prellungen und plötzlichen Hautausschlägen – besonders wenn die Anwendung sofort nach der Verletzung erfolgte – durch Rescue Creme eine unerwartet gute, oft erstaunlich schnelle Heilung in Gang gesetzt wurde. Ebenso hat sich Rescue Creme auch als Massagehilfe (vor dem Gleitmittel auftragen) bewährt.

Anwendung: Dünn auf die betreffenden Hautstellen auftragen.

Rescue Tropfen und Creme sind, wie schon der Name sagt, nicht zur Daueranwendung vorgesehen.

So finden Sie die richtigen Bach-Blüten

Um in **akuten** seelischen Negativsituationen, zum Beispiel in einer schulischen Krise, die passenden Blüten für sich oder seine Familie zu erkennen, bedarf es keiner psychologischen Ausbildung, sondern Selbsterkenntnis, Lebenserfahrung und gesunden Menschenverstandes. Jedoch **chronische** seelische Disharmonien in der eigenen Persönlichkeit zu erkennen ist weitaus schwieriger. In solchen Fällen ist es immer empfehlenswert, einen qualifizierten Gesprächspartner aufzusuchen.

Die folgende Übersichtstabelle zur Selbstbestimmung der aktuell benötigten Bach-Blüten soll Ihnen bei der Auswahl helfen.

Die Kernfrage muss immer lauten:

Wie reagiere ich seelisch auf meine jetzige Situation?

Zum Beispiel angstvoll, verunsichert oder interesselos?

Hat man sich für die betreffende Gruppe entschieden, so suche man unter den dort angegebenen Formulierungen diejenige, die den jetzigen Zustand am meisten trifft, und lese diese Blüten nochmals ausführlich in dem Buch Scheffer, *Die Original Bach-Blütentherapie* nach.

Wichtig ist, die betreffende Blüte in **jedem Fall nach der Negativhaltung** zu bestimmen. Es wäre nicht richtig, die

Blüten nach ihren positiven Entwicklungsmöglichkeiten auszuwählen, da die Bach-Blüten nur dann ihre harmonisierende Wirkung entfalten können, wenn die betreffende Negativhaltung erkennbar vorhanden ist.

In der Regel wird es hier zu einer Mischung von etwa vier bis acht verschiedenen Blüten kommen, denn fast immer wird unser Seelenzustand von mehreren Einflussfaktoren bestimmt, die sich gegenseitig ergänzen oder überlappen können. Gerade am Anfang ist es besser, eine Blüte zu viel als zu wenig in die Kombination aufzunehmen.

Es ist gut zu wissen, dass auch eine nicht optimal ausgesuchte Blütenkombination nie schädlich sein kann, sondern einfach keine Wirkung zeigt.

Übersichtstabelle zur Selbstbestimmung der aktuell benötigten Bach-Blüten-Mischung*

* Verschiedene ausführliche Fragebögen zur Selbstbestimmung des Instituts für Bach-Blütentherapie, Mechthild Scheffer sind im Buchhandel erhältlich.

Fragen Sie sich:
Wie reagiere ich seelisch auf meine jetzige Situation?

I. Angstvoll		
Innere Panik, kopflos:	26.	**Rock Rose**
Vor bestimmten definierbaren Situationen, z. B. bei Hunden, Fahrstühlen etc.:	20.	**Mimulus**
Man steht enorm unter Druck, kann nicht loslassen, fürchtet durchzudrehen:	6.	**Cherry Plum**
Man kann nicht sagen, wovor; vage Ängste, man nimmt Stimmungen auf:	2.	**Aspen**
Man erlebt Ängste um andere Personen, da zu sehr verwoben mit ihnen oder noch nicht abgenabelt:	25.	**Red Chestnut**

Angstvoll

Fragen Sie sich:
Wie reagiere ich seelisch auf meine jetzige Situation?

II. Verunsichert		
Weil man seiner eigenen Meinung nicht vertraut; braucht die Bestätigung anderer:	5.	**Cerato**
Weil man innerlich immer wieder hin- und herschwankt:	28.	**Scleranthus**
Weil man durch erlittene Enttäuschungen skeptisch und pessimistisch geworden ist:	12.	**Gentian**
Weil man keine klare Zielvorstellung für sein Leben hat, dadurch unzufrieden:	36.	**Wild Oat**
Weil man innerlich schon resigniert hat:	13.	**Gorse**
Weil man glaubt, dass die innere Spannkraft fehlt; man glaubt, ohne Stimulanzien den Alltag nicht zu meistern:	17.	**Hornbeam**

Verunsichert

Fragen Sie sich:
Wie reagiere ich seelisch auf meine jetzige Situation?

III. Interesselos – wenig Gegenwartsbewusstsein		
Da gedanklich anderweitig beschäftigt; träumerisch:	9.	**Clematis**
Da zu sehr an der Vergangenheit orientiert; entweder wird diese überbewertet und idealisiert, oder bestimmte Ereignisse sind noch gar nicht bearbeitet worden:	16.	**Honeysuckle**
Da man nichts vom Leben fordert und sich dem Schicksal ergeben hat; oft nur unterschwellig in bestimmten Lebensbereichen:	37.	**Wild Rose**
Da geistig und körperlich vollkommen verausgabt und überfordert:	23.	**Olive**

Interesselos – wenig Gegenwartsbewusstsein

Fragen Sie sich:
Wie reagiere ich seelisch auf meine jetzige Situation?

III. Interesselos – wenig Gegenwartsbewusstsein		
Da ständig andere Gedanken im Kopf kreisen, die man nicht abstellen kann:	35.	**White Chestnut**
Da zu naiv, wenig aufmerksam gegenüber tieferen Lebenszusammenhängen; stockende Erfahrungsverarbeitung, Lernprobleme:	7.	**Chestnut Bud**
Da in schwermütiger Traurigkeit befangen, die ohne erkennbare Gründe kommt und geht:	21.	**Mustard**

Interesselos – wenig Gegenwartsbewusstsein

Fragen Sie sich:
Wie reagiere ich seelisch auf meine jetzige Situation?

IV. Innerer Rückzug, Einsamkeitsproblematik, Isolation		
Weil man glaubt, mit Schwierigkeiten am besten allein fertig zu werden, den anderen Menschen nicht zu brauchen:	**34.**	**Water Violet**
Da man ein anderes inneres Tempo hat; es geht alles nicht schnell genug:	**18.**	**Impatiens**
Einsamkeit wird nicht gut vertragen, deshalb starkes Mitteilungsbedürfnis; oft egozentrisch:	**14.**	**Heather**

Innerer Rückzug,
Einsamkeitsproblematik,
Isolation

Fragen Sie sich:
Wie reagiere ich seelisch auf meine jetzige Situation?

V. Überempfindlich, Abgrenzungsproblematik		
Gegenüber allem, was die Harmonie stören könnte, z. B. sorgenvolle Gedanken, Streit; oft Flucht in die Ablenkung (Alkohol, Zigaretten u. Ä.):	1.	**Agrimony**
Gegen Persönlichkeiten mit stärkerer Willenskraft; man wirkt gutmütig, kann nicht Nein sagen; oft sensitive Persönlichkeiten:	4.	**Centaury**
Labil in phys. und psych. Umwandlungsphasen, z. B. Zahnen, Klimakterium, Umzug, Berufswechsel; das Neue kann noch nicht umgesetzt werden:	33.	**Walnut**
Weil gefühlsmäßig leicht irritierbar; Misstrauen, Eifersucht, Hassgefühle:	15.	**Holly**

Überempfindlich,
Abgrenzungsproblematik

Fragen Sie sich:
Wie reagiere ich seelisch auf meine jetzige Situation?

VI. Mutlos bis verzweifelt, Defizit- und Grenzgefühle		
Weil es an Selbstvertrauen mangelt; Minderwertigkeitsgefühle:	**19.**	**Larch**
Weil ein falsches Schuldbewusstsein besteht; man sich zu viele Vorwürfe macht oder anhängen lässt:	**24.**	**Pine**
Weil man wider besseres Wissen zurzeit glaubt, seiner Aufgabe nicht gewachsen zu sein:	**11.**	**Elm**
Weil man keinen Ausweg mehr sieht und glaubt, dass die Grenze der Belastbarkeit erreicht sei:	**30.**	**Sweet Chestnut**
Weil man durch unangenehme Vorfälle noch wie betäubt ist oder einen Schock noch nicht verarbeiten konnte; der »Seelentröster«:	**29.**	**Star of Bethlehem**

Mutlos bis verzweifelt,
Defizit- und Grenzgefühle

Fragen Sie sich:
Wie reagiere ich seelisch auf meine jetzige Situation?

VI. Mutlos bis verzweifelt, Defizit- und Grenzgefühle		
Weil man verbittert ist, grollt und sich vom Schicksal ungerecht behandelt fühlt:	38.	**Willow**
Weil man ausdauernd mit allen Schwierigkeiten kämpft und trotzdem immer neue Schwierigkeiten auftauchen:	22.	**Oak**
Weil man glaubt, etwas Unreines an oder in sich zu haben; weil das innere Ordnungsprinzip gestört ist und man dieses schnellstens wieder herstellen möchte:	10.	**Crab Apple**

Mutlos bis verzweifelt, Defizit- und Grenzgefühle

Fragen Sie sich:
Wie reagiere ich seelisch auf meine jetzige Situation?

VII. Übertrieben – man will zu viel		
Manipulative Haltung; man glaubt, Einfluss nehmen zu müssen, und ist enttäuscht, wenn es nicht anerkannt wird:	8.	**Chicory**
Im Übereifer, sich für eine Idee einzusetzen, treibt man Raubbau mit seinen Kräften, kann nicht aufhören; Missionsdrang:	31.	**Vervain**
Man will seinen Willen um jeden Preis durchsetzen, nimmt auf andere wenig Rücksicht:	32.	**Vine**
Man erkennt schnell die Schwachstellen einer Situation, kann das aber nicht hinnehmen, sondern reagiert sofort mit Kritik:	3.	**Beech**
Man stellt hohe theoretische Anforderungen an sich und ist hart gegen sich selbst:	27.	**Rock Water**

Zubereitung und Anwendung

Die Wasserglasmethode

Für stark ausgeprägte, akute Zustände und zur kurzfristigen, tageweisen Einnahme (ca. 1 bis 4 Tage):
2 Tropfen von jeder ausgewählten Bach-Blüte aus dem Konzentratfläschchen in ein Glas Wasser geben (von Rescue 4 Tropfen) und über den Tag verteilt trinken.

Die Einnahmeflasche

Bei länger andauernden Seelenzuständen und für längerfristige Einnahme:
2 Tropfen von jedem ausgewählten Bach-Blütenkonzentrat (von Rescue 4 Tropfen) in ein 30-ml-Tropfpipettenfläschchen geben. Das Fläschchen mit stillem Mineralwasser auffüllen. Zur besseren Haltbarkeit alternativ das Fläschchen zu 75 Prozent mit Wasser füllen und mit 45 prozentigem Alkohol (Kognak, Brandy etc.) auffüllen.

Wenn nicht anders verordnet, nimmt man 4-mal täglich 4 Tropfen ein. Eine Einnahmeflasche reicht für ca. 3 Wochen. Danach sollte die Mischung überprüft und ggf. verändert werden.

Bach-Blüten für Kinder

- Besonders empfehlenswert, da seelische Ursachen viel offensichtlicher zutage treten als beim Erwachsenen und häufig im Krankheitsfall mit zu starken Mitteln behandelt werden.
- Kinder sprechen schneller auf die Bach-Blüten an, im akuten Zustand innerhalb weniger Stunden oder Tage.
- Bei chronischen Beschwerden (z. B. Bettnässen) sollten auch die Eltern Bach-Blüten einnehmen, wenn der Erfolg von Dauer sein soll.
- Kinder geben deutlich zu erkennen, wann eine Mischung benötigt bzw. wann sie nicht mehr gebraucht wird.
- Diagnose wie beim Erwachsenen; zusätzlich »Spontanwahl« (etwa bis zur Vorpubertät). Kinder wissen meist besser, was sie brauchen, als ihre Eltern denken.
- Dosierung grundsätzlich wie beim Erwachsenen; Zubereitung auch ohne Alkohol möglich. Wegen der kürzeren Einnahmezeit sind kleinere Einnahmeflaschen (10–20 ml) sinnvoll.

Bach-Blüten bei Tieren

- Tiere reagieren unmittelbar auf die Bach-Blüten, im Prinzip noch schneller als Kinder.
- Bei anhaltenden chronischen Störungen sollte auch der Tierhalter Bach-Blüten nehmen, da zwischen ihm und seinem Tier energetisch eine Wechselbeziehung besteht.
- Diagnose nach dem Verhalten des Tieres stellen, im Zweifelsfall nach dem Charakter des Tierhalters. Oft leben Tiere unbewusste Gefühlsmuster ihrer Besitzer aus.
- Dosierung wie beim Menschen. Bei kleineren Tieren (z. B. Hamster) Tropfenzahl reduzieren.
- Schäden, die durch nicht artgerechte Tierhaltung entstanden sind (etwa Aggressivität bei Hunden durch zu wenig Auslauf), lassen sich durch Bach-Blüten nicht beheben.

Bach-Blüten bei Pflanzen

- Alle Pflanzen reagieren hervorragend auf die harmonischen Energien der Bach-Blüten.
- In der Regel ist es ausreichend, wenn man Rescue ins Gießwasser gibt, zum Beispiel nach Umzug, Umtopfen, Sturz usw.
- Zimmerpflanzen profitieren erfahrungsgemäß von der Blütenmischung des Pflanzenbesitzers. Reste alter Einnahmemischungen sollten stets ins Gießwasser gegeben werden.

Wenn Sie mehr über die Original Bach-Blütentherapie erfahren möchten

Das Standardwerk

Mechthild Scheffer
Die Original Bach-Blütentherapie
Das gesamte theoretische und praktische Bach-Blütenwissen
München: Irisiana, 2004

Der seit 1981 bewährte Klassiker *Original Bach-Blütentherapie. Theorie und Praxis* mit der ausführlichsten Beschreibung der 38 Bach-Blüten wurde hier von Mechthild Scheffer entscheidend erweitert, bereichert und ergänzt. Das vorliegende Standardwerk für Anwender, Lehrende und Behandler enthält in seinem völlig neuen Praxisteil:

- 127 Entscheidungsvergleiche zwischen zwei Bach-Blüten
- 450 Rezeptbausteine für Bach-Blüten-Mischungen
- Ratgeber-ABC mit Antworten auf die häufigsten Fragen
- Doppelfragebögen mit Checkliste zur Auswahl der passenden Bach-Blüten

Mechthild Scheffer
Die Original Bach-Blütentherapie
Das gesamte theoretische und praktische Bach-Blütenwissen
Hörbuch; München: Irisiana, 2006

2 CDs mit einer Auswahl von Texten aus verschiedenen Werken.

Ergänzung zum Standardwerk

Mechthild Scheffer
Der Original Bach-Blüten Check-up
Kartenset, München: Irisiana, 2004

Ein innovativer Zugang zu den Bach-Konzepten als Verhaltensmuster der menschlichen Natur anhand von Patienten-Zitaten und Beispielen aus der bildenden Kunst. Auf den Kartenrückseiten erstmals ausführlich und übersichtlich die von Bach geforderte »Aufklärung über die Entstehungsursache der geistigen Missverständnisse« und ihre Korrekturmöglichkeit auf Basis geistiger Gesetze. Zum Selbststudium und für die Beratungspraxis.

Praxis der Original Bach-Blütentherapie.
Das Material zur praktischen Anwendung.
München: Irisiana, 2008

Das Arbeitsbuch zum Standardwerk *Die Originale Bach-Blütentherapie*, Auszüge und Ergänzungen, in praktischer Ringheftung. Formulierungshilfen, Formularvorschläge und Nachschlagetabellen zur Gestaltung eines erfolgreichen Bach-Blüten-Diagnosegesprächs.

Mechthild Scheffer
Bach-Blütentherapie.
Das Lehrbuch für die therapeutische Praxis.
München: Elsevier 2008

Das Fachbuch vermittelt die authentische Form der Bach-Blütentherapie vollständig und praxisgerecht und ihren Stellenwert im Kontext der traditionellen abendländischen Medizin sowie der modernen Konzepte von Salutogenese und Mind-Body-Medizin. Außerdem bietet das Buch praxisgerecht aufbereitete Mittelbilder, fundierte Informationen zu Indikation, Diagnostik und Therapie und Fallbeispiele und Einsatzmöglichkeiten aus verschiedenen medizinischen Fachgebieten.

Mechthild Scheffer
Die Original Bach-Blütentherapie zur Selbstdiagnose
Blockierte Seelenzustände erkennen und verändern
München: Irisiana, 2002

Ein Übungsprogramm, mit dem man Bach-Blüten-Konzepte, die man noch nicht aus eigener Erfahrung kennt, in ihrer negativen und positiven Form spielerisch erleben kann.

Das zusätzlich auch optisch vorgestellte Persönlichkeitsmodell Denk-Ich/Fühl-Ich demonstriert in sinnfälligen Bildern, wie man sich in den 38 Bach-Blüten-Zuständen jeweils von seiner Inneren Führung abschneidet und wie man wieder Anschluss findet.

Mechthild Scheffer
Bach-Blüten-Selbsthilfe in Krisensituationen
München: Irisiana, 2006

Ob Liebeskummer, Stress, Beziehungsprobleme oder Prüfungsangst – Mechthild Scheffer zeigt anhand von 50 Praxisbeispielen häufiger Krisensituationen, mit welchen Bach-Blüten-Mustern häufig reagiert wird und was der erste Bach-Blüten-Schritt in Richtung Krisenbewältigung sein muss. Die Rezeptbausteine für alle, die die Bach-Blüten selbst anwenden oder andere in Krisensituationen beraten.

Für die Seele

Mechthild Scheffer, Wolf-Dieter-Storl
Die Seelenpflanzen des Edward Bach
Neue Einsichten in die Bach-Blütentherapie
München: Irisiana, 2007

In der Zusammenarbeit Mechthild Scheffers mit dem bekannten Kulturanthropologen und Ethnobotaniker Wolf-Dieter Storl erschließt dieses einzigartige Buch eine tiefere botanische und geistige Dimension der von Bach ausgewählten Pflanzen und Bäume. Mit großformatigen Bildern aller Bach-Blüten und erstmals veröffentlichten, mit meditativer Kamera entstandenen »Meta-Fotos«.

Mechthild Scheffer
Die Original Bach-Blüten-Bilder
38 Karten zur Meditation und Motivation
München: Irisiana, 2006

Die großformatigen Bildkarten mit den Kraftformeln der 38 Bach-Blüten wirken harmonisierend und motivierend. Erläuternde Texte zeigen die geistige Ursache des Negativzustands und wie er überwunden werden kann. Der Benutzer findet einen Anker für eine persönliche und tiefe Begegnung mit den sanften Energien der Bach-Blüten.

Robert Dorsch
Geschichten und Bilder aus dem Bach-Blütengarten
Neckarsulm: Naturamed, 1995

Bildhafte Geschichten zu allen 38 Bach-Blüten, die das intuitive Erkennen und Erleben der passenden Blütenkonzepte ermöglichen. Der Autor arbeitet selbst als Arzt und Psychotherapeut mit den Bach-Blüten.

Zum Schnuppern

Mechthild Scheffer
Die Original Bach-Blütentherapie für Einsteiger
Die Blüten – Die Anwendung – Die Wirkung
München: Irisiana, 2002

Besonderes empfohlen für Menschen, die erstmalig mit der Bach-Blütentherapie in Kontakt kommen und nun Fragen haben. Enthält einen Kurzüberblick über alle 38 Blüten, den Kompakt-Fragebogen, ein umfangreiches Kapitel zu Rescue, praktische Hinweise zu Selbstdiagnose und Dosierung, zur Anwendung bei Kindern und auch bei Haustieren.

Mechthild Scheffer
Die Original Bach-Blütentherapie
Das Kartenset zum einfachen Einstieg
München: Irisiana, 2005

Mechthild Scheffer
Bach-Blüten SPONTAN
Seelenkräfte für jeden Tag
München: Integral, 2005

Mit welcher Blütenenergie stehe ich heute in Resonanz? Hilfreiche Inspirationen für seelische Engpasssituationen im Alltag. Mit den Strahlenbildern von Ludwig D. Knapp und seinen aufs Wesentliche konzentrierten Texten ist das ästhetisch anspruchsvoll gestaltete Buch ein guter Einstieg in die Blütenkonzepte.

Praxismaterial

Poster
Das Bach-Blüten-System auf einen Blick
München: Irisiana

Die 38 Bach-Blüten in den 7 Bach-Gruppen mit Schlüsselsymptomen und positivem Potenzial.

Tiere

Mechthild Scheffer
Die Original Bach-Blütentherapie für Haustiere
München: Irisiana, 2005
Broschüre

Mechthild Scheffer, internationale Fachautorität und Wegbereiterin der Original Bach-Blütentherapie, führte das Werk von Dr. Edward Bach 1981 im deutschen Sprachraum ein. Seither wird die Original Bach-Blütentherapie von ihr systematisch ausgebaut und in ihrer Anwendung entfaltet.

Jahrzehntelang fungierte Mechthild Scheffer als Repräsentantin des englischen Bach Centres in Deutschland, Österreich und der Schweiz. Ihre mehr als 30-jährige Praxis- und Forschungstätigkeit hat ihren Niederschlag in vielen Veröffentlichungen und 13 Büchern gefunden; einige davon gelten als Grundlagenwerke der Original Bach-Blütentherapie und wurden in viele Sprachen übersetzt.

Mechthild Scheffer gründete die *Institute für Bach-Blütentherapie, Forschung und Lehre* in Hamburg, Wien und Zürich. Die von ihr entwickelten Ausbildungsseminare haben schon Tausende Anwender und Therapeuten besucht.

Aktuell engagiert sich Mechthild Scheffer für die Integration der Bachschen Erkenntnisse in andere geeignete Therapieansätze und Initiativen der psychosozialen Gesundheitsvorsorge.

Die Institute für Bach-Blütentherapie, Forschung und Lehre, Mechthild Scheffer IMS in Deutschland, Österreich und der Schweiz

- Die originalgetreue Verbreitung, Qualitätssicherung und zukunftsorientierte Entfaltung des geistigen Erbes von Dr. Edward Bach
- Ausbildungs- und Fortbildungsveranstaltungen für Selbstanwender, Fachbehandler und Therapeuten
- Beratung in allen praktischen und theoretischen Fragen der Original Bach-Blütentherapie